Mosaik für den Garten

Die Technik des Mosaiklegens hat eine Jahrtausende alte Tradition, von der vor allem die Kunstwerke der Griechen und Römer noch heute ein beeindruckendes Zeugnis ablegen.

Das alte Handwerk ist aber keineswegs auf seine Historie beschränkt, sondern wieder topaktuell. Die unterschiedlichen Materialien wie Glas, Keramik oder Naturstein eröffnen ein weites Spektrum an Gestaltungsmöglichkeiten, die jedem Geschmack gerecht werden können.

Vor allem im Garten lassen sich mit Mosaik wirkungsvolle Akzente setzen – entweder zur Verschönerung von Gebrauchsgegenständen oder einfach nur als kunstvolle Dekoration. Sie finden hier bunt verzierte Blumentöpfe, originelle Gartenstecker, funkelnde Windlichter, glanzvolle Teichkugeln und hübsch verzierte Steine.

Die Ideen in diesem Buch sollen vor allem zur Anregung dienen- Ihrer Experimentierfreude sind dabei keine Grenzen gesetzt. Lassen Sie sich von der Welt der bunten Steinchen verzaubern und kreieren Sie Ihre ganz persönlichen Lieblingsstücke!

und

Die Motive lassen sich in folgende Schwierigkeitsgrade unterteilen:

● ○ ○ einfach ● ● ○ etwas schwieriger ● ● ● anspruchsvoll

IHRE GRUNDAUSSTATTUNG

Folgende Materialien und Werkzeuge werden für fast alle der hier im Buch gezeigten Modelle benötigt. Sie werden in den Materiallisten nicht gesondert aufgeführt.

- Kopierpapier
- Klebefilm
- Kugelschreiber, Bleistift
- Mosaikzange (japanische Zange)
- Glasschneider und Brechzange, evtl. Glasbeißzange
- Pinzette
- Gummibecher
- Messbecher
- Löffel o.Ä. (Anrühren der Fugenmasse)
- Spachtel
- Schwamm

So wird's gemacht

Untergrund vorbereiten

Untergrund und Mosaikmaterial müssen eine starke Verbindung eingehen, deshalb ist eine leicht raue Oberfläche ideal. Materialien wie Holz, Tontöpfe und Porzellan, aber auch Beton und Putz müssen daher mit einer Grundierung vorbehandelt werden. Am besten eignet sich eine Universal-Grundierung auf Wasserbasis, wie sie im Baumarkt angeboten wird.

Übertragen der Vorlage

Die Vorlage mit Kopierpapier auf den Untergrund übertragen. Dazu beides mit Klebefilmstreifen im vorgesehenen Bereich befestigen und alle Linien mit Kugelschreiber nachziehen. Bei leicht gebogenen Untergründen die Motivteile am besten einzeln ausschneiden und übertragen.

Setzen der Steine

Den Kleber (wahlweise auch Silikon) ca. 2 mm stark mit einem Spachtel auf den Teil des Untergrundes auftragen, der zuerst bearbeitet werden soll. Darauf achten, dass immer nur soviel Fläche mit Kleber versehen wird, wie in ca. 15 Minuten bearbeitet werden kann. Zuerst das Muster setzen, dann erst den Hintergrund. Der Stein sollte satt im Klebstoff sitzen, dieser allerdings nicht über den Stein hinaus an die Oberfläche quellen. Zwischen den einzelnen Steinen eine Fuge von mindestens 1 mm lassen.

Verfugen

Das fertig gesetzte Mosaik vor dem Verfugen ca. 24 Stunden trocknen lassen, die benötigte Trockenzeit kann jedoch je nach Material variieren. Bei Tontöpfen benötigt die Fugenmasse weniger, bei Glas deutlich mehr Trockenzeit. Die Fugenmasse nach Herstellerangaben anrühren; die Konsistenz sollte ungefähr der von Zahnpasta entsprechen. Die Fugenmasse großflächig mit einem Gummibrett, einem Schwamm oder einem dicken Rundpinsel in die Fugen drücken. Dazu die Fugenmasse mehrmals in alle Richtungen über das ganze Mosaik streichen und ca. zehn Minuten ruhen lassen, bis die Fugenmasse an den Rändern zu trocknen beginnt. Nun mit einem gut ausgedrückten Schwamm über das Mosaik fahren, um die überschüssige Fugenmasse zu entfernen und die Fugen zu glätten. Nach weiteren zehn Minuten den verbliebenen Fugenmasseschleier mit einem feuchten Schwammtuch entfernen. Dafür mehrmals langsam in alle Richtungen flach über das Mosaik wischen und das Tuch immer wieder gut reinigen.

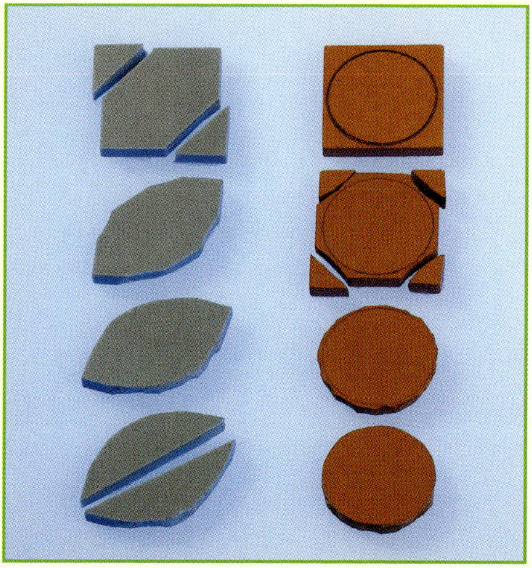

Mosaiksteine bearbeiten

Um Mosaikscherben zu erhalten, die Fliesen oder die Keramik in ein Handtuch wickeln und mit einem Hammer gegen das Material schlagen.

WEITERFÜHRUNG

So wird's gemacht

Die Mosaikzange eignet sich, um Dreiecke aus größeren Stücken abzuzwicken oder bestimmte Formen und Größen zu brechen. Für Glasmosaiksteine oder Tiffanyglas können Glasschneider und Brechzange eingesetzt werden.

Um Mosaiksteinchen abzurunden, müssen die Ecken mit der Mosaikzange weggeknipst werden, sodass ein Achteck entsteht. Dann die Ecken immer weiter rundum abknipsen, bis eine Kreisform entstanden ist (siehe Abbildung Seite 3 unten).

Blumentopf

→ bringt Farbe auf Terrasse oder Balkon

MOTIVHÖHE
ca. 23 cm

MATERIAL

- Terracotta-Blumentopf, ø 27 cm, 23 cm hoch
- ca. 225 Glasmosaiksteine in Hellgrün, 2 cm x 2 cm
- ca. 150 Glasmosaiksteine in verschiedenen Farben, 1 cm x 1 cm
- Silikon
- Fugenmasse in Hellgrün

1 Rund um den Topf eine unregelmäßig verlaufende Schlangenlinie aufzeichnen und mit den kleinen bunten Glasmosaiksteinen bekleben.

2 Die Flächen zwischen den Linien mit den größeren grünen Glasmosaiksteinen füllen. Soweit möglich mit ungeschnittenen Steinen arbeiten, für harmonische Übergänge einige Steine mit der Zange halbieren oder vierteln.

3 Den Kleber ca. einen Tag aushärten lassen, dann die Zwischenräume verfugen.

Deko-Steine

→ klein, aber effektvoll

MOTIVGRÖSSE
ca. 9 cm bis 13 cm

MATERIAL
- Kieselsteine in verschiedenen Größen, ø 9 cm bis 13 cm
- Glasnugget in Rot, ø 2 cm, und Glas- oder Keramikmosaikreste in Hellgrün, Schwarz, Rosa und Rot (grüner Stein)
- Glas- oder Keramikmosaikreste in Hellblau, Gelb und Weiß (Hellblauer Stein)
- Glasnugget in Blau, ø 2 cm, und Glas- oder Keramikmosaikreste in Blau, Hellblau, Orange und Gelb (dunkelblauer Stein)
- Glas- oder Keramikmosaikreste in Rosa, Violett, Orange, Türkis, Petrol und Kupfer (rosafarbener Stein)
- Glasnugget in Weiß, ø 2 cm, und Glas- oder Keramikmosaikreste in Weiß, Terracotta, Flieder, Hellgrün, Türkis und Beige (bunter Stein)
- Fliesenkleber oder Silikon
- Fugenmasse in Grau, Anthrazit, Rosa oder Hellgrün

1 Alle Steine zunächst auf der einen und erst nach dem Trocknen auf der anderen Seite bekleben. Nach ca. einem Tag die Steine in den gewünschten Farben verfugen.

2 Beim grünen Stein erst den Nugget aufsetzen, von dem aus dann die schwarzen Linien aus kleinen Quadraten (ca. 5 mm x 5 mm) weggeführt werden. Nun die roten Dreiecke zwischen den schwarzen Linien ergänzen (Kantenlänge ca. 8 mm) und aus rosa Rechtecken (ca. 4 mm x 8 mm) das Herz formen. Die Zwischenräume und die Unterseite mit hellgrünen Dreiecken auffüllen.

3 Beim hellblauen Stein zehn runde gelbe Stücke schneiden (ø 5 mm - 8 mm) und positionieren. Um vier herum längliche weiße Stücke kleben, sodass eine Blumenform entsteht. Um den Bauch herum zwei Reihen aus hellblauen Vierecken (8 mm x 5 mm) setzen, den Rest des Steines mit Dreiecken auffüllen.

4 Beim blauen Stein den Nugget aufsetzen und um diesen herum strahlenförmig hellblaue Streifen (4 mm x 10 mm) verteilen. Als nächstes kleine gelbe Quadrate (4 mm x 4 mm) und dann einen Ring aus orangefarbenen Rechtecken (5 mm x 6 mm) aufkleben. Den Rest des Steines mit blauen Dreiecken bekleben.

5 Beim rosafarbenen Stein zunächst in allen vorhandenen Farben verschieden große Kreise (ø 0,5 cm bis 1,2 cm) zuschneiden und auf dem Stein fixieren. Den verbleibenden Raum mit unregelmäßigen Dreiecken in Rosa auffüllen.

6 Für den bunten Stein zuerst den Glasnugget in der Mitte aufkleben. Einen Ring aus kleinen weißen Quadraten (5 mm x 5 mm) außen herumlegen. In der nächsten Reihe Dreiecke in Terracotta (5 mm x 7,5 mm) und fliederfarbene Streifen (5 mm x 10 mm) legen, die Zwischenräume mit weißen (7,5 mm x 7,5 mm) und kleinen türkisfarbenen Quadraten (3,5 mm x 3,5 mm) ausfüllen.

Hängewindlichter

→ romantische Gartenbeleuchtung

1 Das Glas in kleine Quadrate (ca. 7 mm x 7 mm) und Rechtecke in passender Größe schneiden.

2 Zunächst die Nuggets mit Silikon am oberen Rand des Glases befestigen. Dann die einzelnen Bereiche des Glases von oben nach unten mit Silikon einstreichen und die Glasquadrate in Reihen aufkleben.

3 Einen Tag trocknen lassen. Die weiße Fugenmasse mit Dispersionsfarbe oder Farbpigmenten in der benötigten Farbe einfärben und die Zwischenräume verfugen.

MOTIVHÖHE
ca. 9 cm

MATERIAL PRO WINDLICHT

- Hängewindlicht mit Drahtbügel in Gelb, Hellgrün oder Orange, ø 9 cm, 9 cm hoch
- Tiffanyglas in je 2-3 verschiednen Gelb-, Grün- oder Orangetönen, ca. 15 cm x 10 cm
- 16 Glasnuggets in Gelb, Hellgrün oder Orange, 1,5 cm
- Silikon in Transparent
- Fugenmasse in Weiß
- Dispersionsfarbe oder Farbpigmente in Gelb, Hellgrün oder Orange

WEITERFÜHRUNG

Deko-Steine

Nun eine Reihe aus länglichen hellgrünen Streifen (3 mm x 10 mm) legen, die durch fliederfarbene, spitze Dreiecke (7,5 mm x 10 mm) unterbrochen wird. Als nächstes vier Reihen aus kleinen Quadraten (5 mm x 5 mm) in der Farbreihenfolge Türkis, Beige, Hellgrün und Flieder aufkleben. Die Unterseite mit türkisfarbenen Dreiecken auffüllen.

Trittplatten

→ für Rasen und Blumenbeet

MOTIVGRÖSSE
ca. 38 cm bis 45 cm lang

MATERIAL BETONPLATTEN
- 5 beschichtete Holzbretter in beliebiger Stärke, 50 cm x 50 cm
- Steinzeug-Ton, 5 kg
- Teigrolle oder Rundholz
- Messer
- Spachtel oder Gipseisen
- Zollstock, Wasserwaage
- Eimer, Tücher, Spülmittel, Schwamm
- Beton, ca. 10 kg
- Kelle zum Anrühren

TRITTPLATTEN
- 5 Betonplatten, ca. 4 cm stark (selbst gegossen)
- je Bodenplatte ca. 3,5 frostfeste Bodenfliesen in Elfenbein, Hellgrün, Hellblau, Hell- und Dunkelterracotta, 20 cm x 20 cm
- Fliesenkleber
- Fugenmasse in Grau

VORLAGENBOGEN
1A + 1B + 2A

Betonplatten

1 Auf die beschichteten Holzplatten je eine Form in der oben genannten Größe frei oder nach Vorlage aufzeichnen.

2 Den Ton kneten, auf ca. 2 cm Dicke ausrollen und in ca. 5 cm breite Streifen schneiden. Mit den Streifen rund um die aufgezeichnete Form einen 5 cm hohen Rand formen und auf der Platte fest andrücken. Zur Stabilisierung Dreiecke aus Ton schneiden und damit die Wände von außen abstützen. Die Übergänge mit dem Spachtel verbinden. Die gesamte Innenform mit Spülmittel auswischen. Die Form auf eine ebene Unterlage stellen.

3 Den Beton mit Wasser in einem Eimer dick anmischen und mit der Kelle gut durchrühren.

4 Den Beton ca. 4 cm hoch in die Form gießen. Mit feuchten Tüchern gleichmäßig abdecken, damit er beim Trocknen nicht reißt. Die Tücher in den nächsten Tagen feucht halten. Die Platte nach fünf Tagen vorsichtig aus der Form lösen.

Trittplatten

1 Die Motive der Vorlage auf die Betonplatten übertragen oder frei mit Scherben arbeiten.

2 Die Bodenfliesen mit dem Hammer zerschlagen und mit der Mosaikzange in handliche Stücke brechen.

3 Kleine Bereiche der Betonplatte mit Fliesenkleber einstreichen und die Fliesenscherben aufkleben.

4 Die Werkstücke ca. ein bis zwei Tage aushärten lassen und mit grauer Fugenmasse verfugen.

Tipp: Sie können auch Betonplatten im Baumarkt kaufen und bekleben.

Teichkugeln

→ edler Blickfang

MOTIVHÖHE
große Kugel ca. 20 cm
kleine Kugel ca. 12,5 cm

MATERIAL
GROSSE KUGEL

- Styroporkugel, ø 20 cm
- Dekonuggets in Rosa, ø 5 mm
- Spiegelglas, ca. 6 cm x 50 cm
- Tiffanyglas in Orange, 10 cm x 20 cm, Rotorange, 15 cm x 20 cm, Mittelrot, 20 cm x 20 cm, und Dunkelrot, 5 cm x 10 cm
- Silikon
- Fugenmasse in Dunkelgrau

KLEINE KUGEL

- Styroporkugel, ø 12,5 cm
- Tiffanyglasreste in Orange, Rotorange, Mittelrot und Dunkelrot
- Spiegelglasreste
- Silikon
- Fugenmasse in Dunkelgrau

Große Kugel

1 Zunächst mehrere kreisförmige, sich überschneidende Bahnen (ca. 3 m lang) auf die Kugel aufzeichnen. Das Spiegelglas in kleine Quadrate zerschneiden (ca. 7 mm x 7 mm) und die Stücke auf die Linien kleben.

2 Das orangefarbene Glas in Dreiecke, Kantenlänge 7 mm, und Quadrate, 5 mm x 5 mm, schneiden, das mittelrote in Dreiecke, Kantenlänge 7 mm, und Streifen, 5 mm x 10 mm. Aus dem dunkelroten Glas nur Dreiecke mit 7 mm Kantenlänge, aus dem rotorangefarbenem Quadrate, 5 mm x 5 mm, schneiden. Damit die Flächen zwischen den Spiegelbahnen füllen.

3 Nach einem Tag dunkelgrau verfugen.

Kleine Kugel

1 Alle Reste der großen Kugel durcheinander kleben, dabei die Spiegelstückchen gleichmäßig verteilen.

2 Nach einem Tag dunkelgrau verfugen.

Tipp: Achten Sie darauf, dass die verschiedenen Formen und Farben der Steine abwechslungsreich angeordnet sind. Das Spiel der Strukturen ist das Besondere dieser Kugeln.

Zwei Totems

→ machen den schönsten Blumen Konkurrenz

MOTIVHÖHE
ca. 1,50 m

MATERIAL ROTER TOTEM

- Styroporkugeln, 2 x ø 10 cm und 1 x ø 8 cm
- Styroporscheibe, ø 10 cm
- Glasmosaiksteine in 15 x Dunkelrot, 216 x Dunkelorange, 122 x Hellorange, 132 x Rot und 48 x Gelb, 1 cm x 1 cm
- 102 Glasmosaiksteine in Dunkelrot, 1,5 cm x 1,5 cm
- 195 Spiegelmosaiksteine, 1 cm x 1 cm
- 45 Glasnuggets in Rot, ø 1,5 cm
- je 9 Glasnuggets in Orange und Rot irisierend, ø 2 cm
- 24 Glasrauten in Orange, 2,5 cm x 1,5 cm
- 150 Kupferperlen, ø 3 mm
- Metallstange, ø 8 mm, 1,50 m lang
- Stricknadel
- Silikon
- Fugenmasse in Beige

Roter Totem

1 Die einzelnen Kugeln mit einer Stricknadel in der Mitte vorbohren und auf die Metallstange spießen, sodass sie gut sitzen. Anschließend zum Bekleben wieder entfernen.

2 Die Steine zuschneiden: Für die obere kleine Kugel die 15 dunkelroten Glasmosaiksteine (1 cm x 1 cm) diagonal durchschneiden, sodass kleine Dreiecke entstehen. Ebenso mit 150 Spiegelmosaiksteinen verfahren. Weitere 20 Spiegelmosaiksteinchen halbieren. Von den dunkelorangefarbenen Steinen 60 halbieren (Streifen) und 36 vierteln (Quadrate), von den hellorangefarbenen 20 und den roten 25 halbieren (Streifen). Etwa 42 der großen dunkelroten Steine (1,5 cm x 1,5 cm) zu Streifen halbieren und elf diagonal zu Dreiecken schneiden.

3 Die Steine für die einzelnen Kugeln zurechtlegen und mithilfe der Vorlage in der vorgegebenen Reihenfolge mit Silikon aufkleben. Dabei bei jedem Einzelteil von der Mittellinie ausgehend beginnen. Die Styroporscheibe oben und unten mit Spiegelmosaikdreiecken, den Rand mit kleinen Rechtecken bekleben.

4 Nach ca. einem Tag in Beige verfugen. Zuvor testen, ob die Stange immer noch gut durch die Styroporobjekte passt und eventuell die Öffnung weiten. Nach dem Verfugen die Objekte mit etwas Silikon an der Stange befestigen.

Blauer Totem

1 Die Styroporformen wie oben beschrieben vorbereiten und nach dem Bekleben auf der Stange befestigen.

2 Für die große Kugel 112 türkisfarbene Steine (1 cm x 1 cm) diagonal zu Dreiecken schneiden, für den Kegel zwölf halbieren. Von den himmelblauen Steinen (1 cm x 1 cm) 104 zu Dreiecken und fünf durch Vierteln zu Quadraten verarbeiten. 21 hellblaue

WEITERFÜHRUNG

Zwei Totems

Steine halbieren. Von den größeren himmelblauen Steinen 30 zu schmalen Streifen dritteln, 32 zu breiten Streifen halbieren, neun diagonal zu Dreiecken schneiden und fünf zu kleinen Quadraten vierteln. Acht der lilafarbenen Steine dritteln, die großen rosa-, flieder- und türkisfarbenen Steine (1,5 cm x 1,5 cm) jeweils halbieren. Von den dunkelblauen 13 halbieren und drei jeweils dritteln. Alle großen Spiegelmosaikplättchen zu Dreiecken schneiden.

3 Die Steine für die einzelnen Objekte sortieren und nach Vorlage, beim Kegel nach Abbildung auf Seite 14 aufkleben. Die Oberseite des Kegels mit Spiegelmosaikdreiecken und -splittern bekleben.

4 Nach ca. einem Tag in Grau verfugen. Zuvor testen, ob die Stange immer noch gut durch die Styroporobjekte passt und eventuell die Öffnung weiten. Nach dem Verfugen die Objekte mit etwas Silikon an der Stange befestigen.

Tipp: Für die Befestigung der Nuggets ist es sinnvoll, nicht den gesamten Bereich mit Silikon einzustreichen, sondern einen erbsengroßen Klecks Silikon auf den jeweiligen Nugget zu geben und dann auf das Objekt zu drücken. Auf diese Weise ist es möglich punktgenau zu kleben, ohne dass sich Luftblasen bilden.

BLAUER TOTEM

- Styroporkugeln, 1 x ø 8 cm und 1 x ø 10 cm
- Styroporscheibe, ø 10 cm
- Styroporkegel, ø 12 cm, 28 cm lang
- Glasmosaiksteine in 48 x Dunkelblau, 210 x Mittelblau, 172 x Türkis, 109 x Himmelblau, 60 x Hellblau, 20 x Schwarz und 40 x Violett, 1 cm x 1 cm
- Glasmosaiksteine in 76 x Himmelblau, 26 x Lila, 28 x Flieder, 42 x Dunkelblau, 17 x Rosa und 7 x Türkis, 1,5 cm x 1,5 cm
- Spiegelmosaiksteine, 20 x 1 cm x 1 cm und 48 x 1,5 cm x 1,5 cm
- 4 Glasnuggets in Blau, ø 3 cm
- Glasnuggets in 19 x Türkis und 18 x Rosa, ø 1,5 cm
- 200 Goldperlen, ø 3 mm
- Metallstange, 1,50 m lang, ø 8 mm
- Silikon
- Fugenmasse in Grau

VORLAGENBOGEN 3 B

Standwindlichter

→ strahlend schön

MOTIVHÖHE
grünes Windlicht ca. 6,5 cm
gelbes Windlicht ca. 6,5 cm
lila Windlicht ca. 7,5 cm
Tulpen ca. 10 cm

MATERIAL PRO WINDLICHT
- Metallstab mit abschraubbarer Befestigung
- Silikon in Transparent
- Fugenmasse in Weiß
- Farbpigmente oder Dispersionsfarbe in Hellgrün, Gelb, Lila, Dunkelrot, Rot oder Dunkelgrün

ZUSÄTZLICH GRÜNES WINDLICHT
- Windlicht in Grün, ø 5,5 cm, 6,5 cm hoch
- ca. 28 Tiffanyglasstreifen in Grün, 0,5 cm breit, zwischen 0,8 cm und 5 cm lang
- mehrere kleine Tiffanyglasrechtecke in verschiedenen Farben

GELBES WINDLICHT
- Windlicht in Gelb, ø 5,5 cm, 6,5 cm hoch
- 4 Glasnuggets in Gelb, ø 1,5 cm
- 28 Tiffanyglasdreiecke in Zitronengelb, 1,5 cm Kantenlänge
- ca. 150 Tiffanyglasdreiecke in Sonnengelb, 1 cm Kantenlänge

LILA WINDLICHT
- Windlicht in Lila, ø 7 cm, 7,5 cm hoch
- 16 Glasnuggets in Dunkelrot, ø 1,5 cm
- 50 Tiffanyglasstreifen in Lila, 0,5 cm x 2 cm
- 28 Tiffanyglasquadrate in Dunkelrot, 0,5 cm x 0,5 cm

WEITERFÜHRUNG

Standwindlichter

TULPE MIT NUGGETS

- tulpenförmiges Windlicht in Gelbgrün, ø 8 cm, 10 cm hoch
- 4 Glasnuggets in Gelb, ø 3 cm
- Glasnuggets in 8 x Gelb und 45 x Rot, ø 1,5 cm

ROTE TULPE

- tulpenförmiges Windlicht in Gelbgrün, ø 8 cm, 10 cm hoch
- 4 Glasnuggets in Rot, ø 1,5 cm
- je 40 Tiffanyglasquadrate in je 40 x Gelb und Orange sowie 140 x Rot, 0,5 cm x 0,5 cm

GRÜNE TULPE

- tulpenförmiges Windlicht in Grün, ø 8 cm, 10 cm hoch
- 110 Tiffanyglasrechtecke in Rosa, ca. 0,5 cm x 0,8 cm
- 22 Tiffanyglasquadrate in Lila, 0,8 cm x 0,8 cm
- 100 Tiffanyglasdreiecke in Türkis, ca. 1 cm Kantenlänge
- 120 Tiffanyglasdreiecke in Dunkelgrün, ca. 1,2 cm Kantenlänge

1 Für das grüne Windlicht kleine Bereiche des Glases mit Silikon einstreichen und die Streifen senkrecht aufkleben. Die bunten Stücke im oberen Bereich in verschiedenen Höhen einfügen. Nach ca. einem Tag in Hellgrün verfugen.

2 Für das gelbe Windlicht die Nuggets fixieren und die zitronengelben Dreiecke als Blütenblätter außen herum kleben. Den Rest des Glases beliebig mit den sonnengelben Dreiecken auffüllen. Nach ca. einem Tag in Hellgelb verfugen.

3 Für das lila Windlicht von der Unterseite her kleine Bereiche des Glases mit Silikon einstreichen und erst eine Reihe lila Streifen aufkleben, dann eine Reihe dunkelrote Quadrate. Dann lila Streifen und zuletzt dunkelrote Nuggets am oberen Rand aufsetzen. Nach einem Tag in Lila verfugen.

4 Für die Tulpe mit Nuggets (ganz links) diese auf der Unterseite mit Silikon bestreichen und einzeln aufkleben. Zuerst die großen gelben aufsetzen, darum herum jeweils einen Kreis aus roten Nuggets bilden. Am oberen Rand des Glases einen gleichmäßigen Rand aus roten und gelben Nuggets bilden. Dann die restliche Fläche mit roten Nuggets auffüllen. Nach ca. einem Tag dunkelrot verfugen.

5 Für die rote Tulpe (vorne) den oberen Rand des Glases mit Silikon einstreichen und die oberste Reihe in Orange aufkleben. Die Nuggets in die Mitte der Blütenblätter der Tulpe kleben. Um die Nuggets herum eine Reihe orangefarbene, dann gelbe Quadrate kleben. Die restliche Fläche mit roten Glasdreiecken ausfüllen. Nach ca. einem Tag in Dunkelrot verfugen.

6 Für die grüne Tulpe (hinten) von unten her das Glas abschnittsweise mit Silikon bestreichen. Zunächst zwei Reihen mit dunkelgrünen Dreiecken bekleben, dann eine Reihe mit lila Quadraten und wieder zwei Reihen mit dunkelgrünen Dreiecken. Danach folgt noch eine Reihe mit rosafarbenen Rechtecken. Die Blütenblätter mit türkisfarbenen Dreiecken ausfüllen. Nach ca. einem Tag hellgrün verfugen.

Vogelhäuschen

→ dekorativ und nützlich

MOTIVHÖHE
ca. 24 cm

MATERIAL

- Terracotta-Vogelhäuschen mit abnehmbarem Deckel, ø 20 cm, 24 cm hoch (aus dem Baumarkt)
- 250 Keramikmosaiksteine in Gelb, 1 cm x 1 cm
- 800 Keramikmosaiksteine in Blau-, Grün- und Türkistönen, 0,5 cm x 0,5 cm
- Fliesenkleber oder Silikon
- Fugenmasse in Helltürkis und Terracotta

VORLAGENBOGEN
1 B + 2 B

1 Die Kreise und Schlangenlinien gemäß Vorlage auf das Vogelhäuschen übertragen.

2 Mit der Führungslinie am Bereich des Eingangsloches spiralförmig beginnen. Zunächst die gelben Steine aufkleben, dann die kleineren Steine links und rechts der Linie anordnen. Dabei immer nur kleine Bereiche der Linie mit Kleber einstreichen, um die Steine anzubringen. Sorgfältig darauf achten, dass kein Kleber auf die freien Flächen gelangt. Auf diese Weise die Linie über das gesamte Vogelhäuschen fortführen.

3 Anschließend die freistehenden Kreise nach Vorlage von innen nach außen kleben.

4 Einen Tag trocknen lassen, dann die Mosaikverzierungen in Helltürkis, den Übergang zum Terracottauntergrund in Terracotta verfugen.

Hinweis: Das Verfugen von partiellen Flächen auf einem Objekt verlangt genaues Arbeiten. Man nimmt am besten einen feinen Spachtel oder ein Gipseisen zu Hilfe, trägt kleine Mengen Fugenmasse auf und verteilt sie sorgfältig. Der Übergang zum Untergrund sollte harmonisch und glatt aussehen. Es ist ratsam, erst mit dem inneren Bereich zu beginnen, einen Tag zu warten, bis die Fuge gehärtet ist, und dann den äußeren Bereich zu verfugen, damit die unterschiedlichen Fugenfarben sich nicht miteinander vermischen.

Schildkröte

→ niedlicher Gefährte

MOTIVGRÖSSE
ca. 33 cm

MATERIAL

- Tonschildkröte, 25 cm x 33 cm (aus dem Gartenmarkt)
- Keramikmosaiksteine in 200 x Hellbraun, 120 x Dunkelbraun, 70 x Ocker, 50 x Senfgelb und 2 x Schwarz (Augen), 1 cm x 1 cm
- Keramikmosaiksteine in 150 x Hellbraun, 230 x Ocker, 50 x Senfgelb, 80 x Türkis und 50 x Rosa, 5 mm x 5 mm
- 150 Keramikmosaiksteine in Rosa-, Türkis, Beige- und Brauntönen, 3 mm x 3 mm
- Fliesenkleber
- Fugenmasse in Beige

VORLAGENBOGEN 3B

1 Für den Panzer der Schildkröte die Vorlage übertragen.

2 Die Kreise auf dem Panzer mit Fliesenkleber einstreichen. Zunächst den äußeren Rand mit großen dunkelbraunen Mosaiksteinen bekleben, dann einen inneren Kreis aus hellbraunen Steinen ergänzen. Die Mitte dieser Bereiche mit kleinen bunten Stücken auffüllen. Den Rest des Panzers mit großen hellbraunen, den Bauch mit gelben und ockerfarbenen Steinen gestalten.

3 Die Beine und den Kopf der Schildkröte mit kleineren Steinen ausführen. Dabei Braun-, Ocker-, Beige-, Rosa- und Türkistöne mischen. Das Gesicht mit Mikromosaiksteinen (3 mm x 3 mm) arbeiten. Für die Augen die schwarzen Steine mit der Mosaikzange in Form bringen, den Mund mit Mikromosaiksteinen formen.

4 Wenn der Kleber ausgehärtet ist, die Zwischenräume verfugen. Nach dem Entfernen der Fugenmassenreste die Schildkröte mit einem weichen Tuch abreiben, damit die Steine schön glänzen.

Tipp: Für die kleineren Steine können Sie auch die 1cm x 1cm Steine mit der Mosaikzange vierteln und achteln.

Schlange

→ verschönert den Rasen

1 Gemäß der Vorlage die Schlange über die sechs Steine hinweg vorzeichnen.

2 Das Glas mit Glasschneider und Brechzange oder der Glasbeißzange in Quadrate von ca. 8 mm x 8 mm Größe schneiden, wobei die Größe der Quadrate etwas variieren sollte. Für den Rumpf die größeren, für Kopf und Schwanz die kleineren Quadrate verwenden.

3 Die Schlange vom Kopfteil beginnend in Dreier-, im breiteren Mittelteil in Vierer-Reihen mit den Glasquadraten bekleben. Bei der Farbgestaltung darauf achten, dass der Verlauf am Kopf mit Rot beginnt, in Violett übergeht und am Schwanz wieder in Rot ausläuft.

4 Nach mindestens einem Tag Trockenzeit die Schlange verfugen. Dabei mit einem feinen Spachtel oder Gipseisen arbeiten und auf einen sauberen Fugenabschluss zum Stein hin achten.

MOTIVGRÖSSE
ca. 10 cm (je Stein)

MATERIAL
- 6 Steine in unterschiedlichen Größen, 13 cm bis 20 cm lang
- Tiffanyglas in Rot- und Violetttönen, insgesamt 40 cm x 30 cm
- 2 Glasnuggets in Lila, ø 3 mm (Augen)
- 2 Glassplitterstücke in Blau (Zunge)
- Silikon
- Fugenmasse in Schwarz

VORLAGENBOGEN 3A

Tulpen

→ frühlingshafte Gartenstecker

MOTIVHÖHE
ca. 25 cm (nur Blüte)

MATERIAL JE STECKER

- Holzrest, 3 cm stark, ca. 22 cm x 28 cm
- 120 Glasmosaiksteine in verschiedenen Gelb- bzw. Orangetönen marmoriert, 1,5 cm x 1,5 cm
- 25 Glasmosaiksteine in Grün marmoriert, 1 cm x 1 cm
- einige Spiegelstücke
- Silikon
- Fugenmasse in Weiß
- Farbpigmente oder Dispersionsfarbe in Gelb bzw. Orange
- Rundholzstab, ø 1,9 cm, 1 m lang
- Holzleim
- Stichsäge mit Kurvensägeblatt
- Bohrer, ø 2 cm

VORLAGENBOGEN 2B

1 Die Tulpen nach Vorlage auf das Holz aufzeichnen und mit der Stichsäge aussägen. In die Unterseite ein Loch (ø 2 cm) bohren.

2 Die Mosaiksteine mit der Glasbeißzange in ca. 0,7 cm x 0,7 cm große Quadrate vierteln. Die Mosaikreihen auf der Vorder- und Rückseite der Tulpen skizzieren.

3 Zunächst den Rand der Tulpe stückchenweise mit Silikon einstreichen und bekleben. Ebenso mit der Vorder- und Rückseite verfahren. Für die Übergänge passend zugeschnittene dreieckige Stücke schneiden und einsetzen. Die Stielansätze der Tulpen in Grün gestalten.

4 Mindestens einen Tag trocknen lassen und dann verfugen. Dafür die weiße Fugenmasse mit gelben und orangefarbenen Pigmenten oder Dispersionsfarbe einfärben. Die Tulpen mit Holzleim auf den Stäben fixieren.

Gartentisch

→ kleines Kunstwerk

MOTIVHÖHE
ca. 66 cm

MATERIAL
- Metall-Tisch, ø 50 cm (große Platte) und 16 cm (kleine Platte), z.B. Ikea
- unglasierte Keramikmosaiksteine in 175 x Schwarz, 110 x Grau, 20 x Nebelgrau, 205 x Weiß, 85 x Beige, 35 x Pflaume, 40 x Iris, 30 x Lila, 15 x Orange und 20 x Braun, 2 cm x 2 cm
- Silikon
- Fugenmasse in Hellgrau

VORLAGENBOGEN 4A+4B

1 Mit der großen Tischplatte beginnen. Zunächst das Muster nach Vorlage auf die Platte übertragen. Dann den zweireihigen Rand im Schachbrettmuster aus schwarzen und weißen Steinen aufkleben. Dabei die obere Reihe etwas über die Kante stehen lassen.

2 Für die äußere Reihe der Tischplatte ca. 70 Steine in Grau dritteln und aufkleben. Die zweite Reihe aus 20 irisfarbenen Steinen legen; diese zuvor dritteln und jedes einzelne Stück halbieren. Für die dritte Reihe zehn weiße Steine vierteln und 20 schwarze Steine halbieren und diese im Wechsel aufkleben. Für die vierte Reihe 20 Steine in Pflaume wie bei der zweiten Reihe zerkleinern und fixieren. Die fünfte Reihe aus versetzt gegenüberliegenden Dreiecken in Weiß und Beige legen; dazu jeweils 17 Steine in jeder Farbe diagonal durchknipsen und die so entstandenen Dreiecke nochmals halbieren. Für die sechste Reihe aus 16 grauen Mosaiksteinen durch Dritteln und erneutes Dritteln der einzelnen Stäbchen kleine Quadrate anfertigen.

3 Nun mit den gleichen Quadraten wie in der sechsten Reihe die Umrandung der einzelnen Innenbereiche des Tisches fixieren. Dazu nochmals elf Steine wie oben beschrieben zerteilen.

4 Für den ersten Bereich (siehe Vorlage) fünf schwarze Kreise aus je einem Stein schneiden. Um jeden Kreis ca. zwölf Rechtecke in Beige aus geviertelten und gedrittelten Steinen gruppieren. Die restliche Fläche mit kleinen Dreiecken in Pflaume ausfüllen.

5 Im zweiten Bereich elf kleine schwarze Kreise aus geviertelten Steinen schneiden und mit zweifach gedrittelten Quadraten in Beige und Lila umranden.

6 Für den dritten Bereich sieben kleine orangefarbene Kreise aus Vierteln formen und diese mit beigefarbenen Rechtecken aus gedrittelten und anschließend halbierten Stücken umgeben.

7 Für den vierten Bereich Dreiecke in Weiß, Beige, Iris und Nebelgrau, zweimal diagonal geschnitten, gleichmäßig verteilen.

WEITERFÜHRUNG

Gartentisch

8 Im fünften Bereich große Dreiecke in Beige und Weiß ineinander legen. Dazu aus elf Steinen pro Farbe jeweils drei Dreiecke knipsen.

9 Aus fünf braunen Steinen große Kreise knipsen und im sechsten Bereich fixieren. Um die einzelnen Kreise jeweils sieben schwarze Rechtecke gruppieren, die aus einem gedrittelten und anschließend halbierten Stein bestehen. Den Hintergrund mit kleinen, zweifach diagonal geschnittenen Dreiecken in Lila ausfüllen.

10 Im siebten Bereich kleine orangefarbene Dreiecke (1/4 Stein) mit kleinen weißen Quadraten (1/9 Stein) umgeben.

11 Für den achten Bereich weiße und beigefarbene Stäbchen durch Dritteln eines Steines formen und diese ineinander greifen lassen.

12 Für die Mitte der Tischplatte 28 große Kreise aus 2 cm x 2 cm großen Steinen in verschiedenen Farben zurechtschneiden. Dazwischen zwölf kleine Kreise aus Reststücken, ebenfalls in unterschiedlichen Farben, einfügen. Für den Mittelpunkt einen großen Kreis in Weiß aus vier Steinen formen.

13 Bei der kleinen Platte den Rand ebenfalls mit Schachbrettmuster gestalten. Für die obere Fläche beliebige Kreise in verschiedenen Farben und Größen schneiden und diese so gruppieren, dass die Fläche ausgefüllt ist.

14 Die Tischplatten mindestens einen Tag trocknen lassen und dann verfugen. Die Flächen abschließend gut polieren, damit die Fugenmasse sich nicht auf dem unglasierten Keramikmaterial festsetzt.

Hängeblumentopf

→ natürlich schön

1 Zunächst die Kieselsteine sortieren und danach ordnen, welche in Größe und Farbe zusammenpassen. Ca. 30 Blumen mit je einem runden Stein als Blütenmitte und ovalen Steinen als Blütenblättern zusammenstellen.

2 Mit der oberen Reihe aus länglichen, längs gelegten Steinen beginnen. Dazu die benötigten 40 Kiesel (ca. 4 bis 5 cm lang) zuerst auf dem Arbeitstisch auslegen und dann erst auf den Topf aufkleben. Dabei Kiesel für Kiesel einzeln an der Unterseite mit Silikon bestreichen und fest auf den Topf aufdrücken.

3 Die vier größten Blumen von oben nach unten auf die vordere Mitte des Topfes kleben. Dann links und rechts entlang der Blütenreihe jeweils 20 längliche Kieselsteine befestigen. In die Bereiche links und rechts von der Mitte jeweils 13 Blumen, harmonisch angeordnet, verteilen.

4 Mindestens einen Tag trocknen lassen, dann verfugen.

Tipp: Noch intensiver wirkt die Farbe der Kiesel, wenn man die ausgesuchten Steine vor dem Kleben beidseitig dünn mit Öl oder Farbvertiefer bestreicht. Nach 24 Stunden wird mit einem weichen Stofftuch das Öl, das von den Steinen nicht aufgesogen wurde, abgerieben.

Hinweis: Da die Zwischenräume sehr groß sind, ist es ratsam, in diesem Fall Flexfuge zu benutzen.

MOTIVHÖHE
ca. 20 cm

MATERIAL
- Hängeblumentopf aus Terracotta, 28 cm x 18 cm x 15 cm
- 80 längliche Kieselsteine, 2 cm bis 5 cm lang
- 180 ovale Kieselsteine, 1 cm bis 2,5 cm lang
- 30 runde Kieselsteine, ø 1 cm bis 2 cm
- Silikon
- Fugenmasse in Terracotta

DIESES BUCH ENTHÄLT 4 VORLAGENBOGEN

IMPRESSUM

FOTOS: frechverlag GmbH, 70499 Stuttgart; Fotostudio Ullrich & Co., Renningen
DRUCK: frechdruck GmbH, 70499 Stuttgart

Auflage:	5.	4.	3.	2.	1.
Jahr:	2010	2009	2008	2007	2006

[Letzte Zahlen maßgebend]

ISBN 10: 3-7724-3480-0
ISBN 13: 978-3-7724-3480-8
Best.-Nr. 3480

www.frechverlag.de

Buchtipps für Sie

TOPP Hobby

Meisterhaft gemacht!

Anspruchsvollere Modelle und Techniken
für den Bastel-Fan bis hin zum Profi

TOPP 3335
ISBN 3-7724-3335-9

TOPP 3479
ISBN 3-7724-3479-7

TOPP 3480
ISBN 3-7724-3480-0

TOPP 3481
ISBN 3-7724-3481-9

TOPP 3482
ISBN 3-7724-3482-7

TOPP 5027
ISBN 3-7724-5027-X

TOPP

Mosaik für den Garten

- Kleine und große Mosaikobjekte für Garten und Terrasse.
- Ob Gartentisch, Blumenstäbe, Teichkugeln oder Windlichter – in diesem Buch findet jeder sein persönliches Lieblingsstück.
- Ausführliche Erklärungen, Vorlagen und hilfreiche Tipps machen das Nacharbeiten ganz leicht.

Hobby
Meisterhaft gemacht

TOPP
perforierte Vorlagenbogen
Das clevere Bastelbuch
praktische Einsteckhüllen

ISBN-10: 3-7724-3480-0
ISBN-13: 978-3-7724-3480-8
9 783772 434808
€ 7,50(D) €* 7,80(A)
* vom österreichischen Importeur preisgebunden